Stefanie Schäfer

Kaufmann/Kauffrau für Spedition und Logistikdienstleistung

Seeschifffahrt

Modulheft Abschlussprüfung
Übungsaufgaben und erläuterte Lösungen

Bestell-Nr. 40223

u-form Verlag · Hermann Ullrich GmbH & Co. KG

Deine Meinung ist uns wichtig!

Du hast Fragen, Anregungen oder Kritik zu diesem Produkt?

Das u-form Team steht dir gerne Rede und Antwort.

Einfach eine kurze E-Mail an

feedback@u-form.de

Zusatzinfos für diese Auflage des Modulheftes findest du übrigens unter folgendem Link:

www.u-form.de/addons/40223-2025.zip

BITTE BEACHTEN:

Die **Lösungen** findest du im hinteren Teil dieses Modulheftes.

2. Auflage 2025 · ISBN 978-3-95532-408-7

© u-form Verlag | Hermann Ullrich GmbH & Co. KG
Cronenberger Straße 58 | 42651 Solingen
Telefon: 0212 22207-0 | Telefax: 0212 22207-63
Internet: www.u-form.de | E-Mail: uform@u-form.de

Inhaltsverzeichnis

Bereich **Seite**

Aufgabenteil

Bereich **Seite**

Lösungsteil

Hinweis

Achtung!

Sollte es für diese Auflage Aktualisierungen oder Änderungen geben, kannst du diese herunterladen unter:

www.u-form.de/addons/40223-2025.zip

Hier haben wir auch Infos zur Abschlussprüfung für dich zusammengestellt.

1. Aufgabe – Westeuropäische Häfen

Folgende Skizze zeigt das Hinterland westeuropäischer Häfen:

a) Die Ziffern 1 – 3 markieren die Lage der sog. ARA-Häfen. Wie heißen diese Häfen und durch welche Ziffer sind sie jeweils gekennzeichnet?

b) Welcher vierte Hafen wird noch hinzugezählt, wenn stattdessen von den sog. **Z**ARA-Häfen die Rede ist?

2. Aufgabe – Fahrtgebiete der Linienschifffahrt

Die Linienschifffahrt findet in festgelegten Fahrtgebieten statt.

Folgende Skizze zeigt die Fahrtgebiete 17 bis 21:

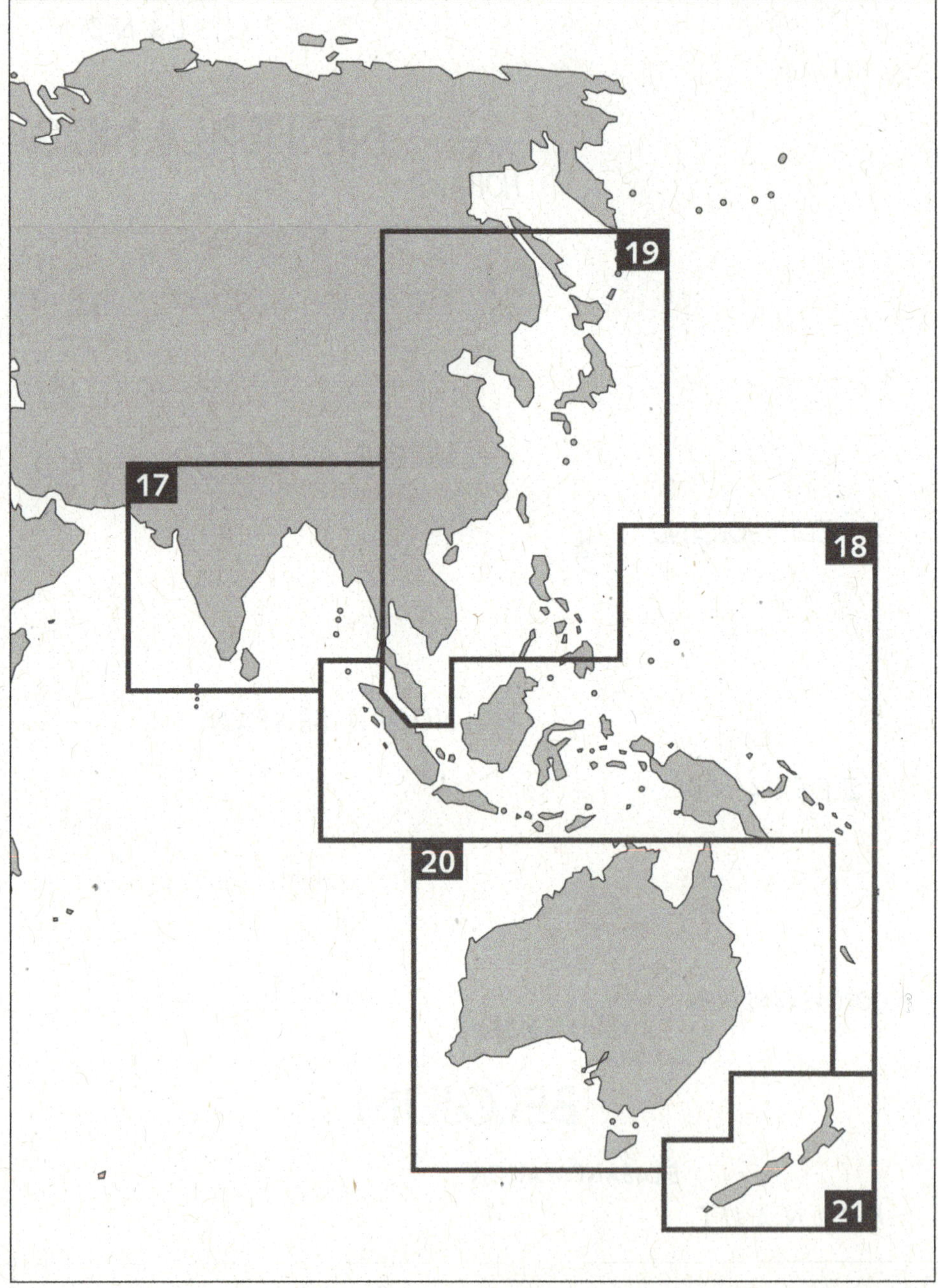

a) Welche Fahrtgebiete passiert ein Seeschiff auf seiner Fahrt von Mumbai nach Fremantle/Perth mit einer Zwischenstation in Jakarta?

b) Welche Meerenge durchfährt das Schiff kurz vor Jakarta? Nennen Sie zudem die Meerenge zwischen Malaysia und der Insel Sumatra.

c) In welchen Ländern liegen die unter a) genannten Häfen?

3. Aufgabe – Wichtige Seewege und Welthäfen

Koper ist ein aufstrebender Transithafen für Österreich, Tschechien, Slowakei und Ungarn. Hauptumschlaggüter sind Eisenerze und Phosphate. Für den mitteleuropäischen Markt werden zunehmend PKW der Hersteller aus Fernost von Kōbe nach Koper verschifft.

a) In welchen Staaten liegen die Häfen Kōbe und Koper?

b) Beschreiben Sie den kürzesten Seeweg für diese Transporte.

c) Koper zählt zu den sog. „Südhäfen". Nennen Sie weitere fünf davon.

Im Jahr 2023 wurden im Hamburger Hafen insgesamt über 114,3 Mio. Tonnen Güter und davon in den vier Containerterminals Buchardkai, Tollerort, Altenwerder und Eurogate an Containern über 7,7 Mio. TEU umgeschlagen. Hamburg ist damit der größte deutsche See- und Containerhafen und liegt damit auf Platz 3 in Europa nach Rotterdam (Platz 1) und Antwerpen-Brügge (Platz 2).

d) Nennen Sie **6** weitere Seehäfen Deutschlands und deren Küstenlage (Nord- oder Ostsee).

e) In folgenden Fahrtgebieten (Auswahl aus 33)

- Nr. 02 (Nordamerika – USA-Ostküste)
- Nr. 09 (Südamerika/Ostküste)
- Nr. 13 (Westafrika)
- Nr. 19 (Ostasien)

befinden sich weitere wichtige Welthäfen.

Benennen Sie für jedes der obigen Fahrtgebiete **2** Ihnen bekannte Häfen.

f) Ein Seeschiff fährt von Porto nach Sewastopol. Bringen Sie folgende (alphabetisch aufgelistete) Seewege in die richtige Fahrtreihenfolge:

Ägäis – Atlantischer Ozean (Atlantik) – Bosporus – Dardanellen – Marmarameer – Mittelmeer – Schwarzes Meer – Straße von Gibraltrar

4. Aufgabe – Betriebsformen

Ein Spediteur erhält den Auftrag, 680 t Industrie-Granulate nach Übersee zu verschiffen. Bei der Wahl des geeigneten Verfrachters kann er zwischen einer Linienreederei und einer Trampschifffahrtsgesellschaft wählen.

a) Unterscheiden Sie Linien- und Trampschifffahrt.

b) Was versteht man unter einer Linienkonferenz und welche Aufgaben übernimmt sie?

c) Was ist der Unterschied zwischen einer offenen und einer geschlossenen Konferenz?

d) Worin unterscheidet sich ein Konsortium in der Seeschifffahrt von einer Linienkonferenz?

e) Wo kann der Spediteur die Abfahrt- und Ankunftszeiten der Schiffe ersehen?

5. Aufgabe – Containerrundläufe

Ein Versender will eine komplette Containerladung in seinem Werk bei Hannover zusammenstellen, die im Bestimmungshafen entladen und an die einzelnen Endempfänger ausgehändigt werden soll.

a) Welche Form des Containerrundlaufs kommt hier infrage?

b) Ein 20-Fuß-Container soll aus einem Leerdepot durch den beauftragten Spediteur angeliefert werden. Bei der Disposition des Containers wird angegeben, dass eine Merchant's Haulage gewünscht wird. Was versteht man darunter?

c) Da der Versender über einen eigenen Gleisanschluss verfügt, wählt der Spediteur den Vorlauf per Eisenbahn. Welchen Vorteil bringt dies als Alternative zu einem Containervorlauf per LKW?

d) Erklären Sie kurz folgende containerspezifische Fachbegriffe bzw. Abkürzungen:

- CY
- LCL/LCL
- CFS
- van carrier

e) Nennen Sie **3** Vorteile für die Containerisierung von Gütern.

6. Aufgabe – Stückgutfrachtvertrag

Die Ausgangssituation gilt auch für die **7. und 8. Aufgabe**

Situation:

Der Exporthändler Claus von KEMPEN e. K., Im Brander Feld 256, 52078 Aachen, verkauft Zubehörteile für die Ausstattung von Hotelküchen an die brasilianische Firma PTX do Carairo S.L., Avenida Getulio Vargas, 697, 69075140 Manaus. Es handelt sich um 8 Kisten à 160 kg (Maße je Kiste 125 x 80 x 78 cm) im Rechnungswert von 18.500,00 €. Im Kaufvertrag wurde die Lieferung „CFR Manaus gemäß Incoterms 2020" vereinbart. PTX sendet dem Exporthändler eine Kopie der benötigten Importlizenz.

C. von KEMPEN beauftragt den Hamburger Seehafenspediteur FENSKE mit der Vorbereitung einer Verschiffung im Hamburger Hafen. Mit dem Vortransport von Aachen nach Hamburg soll die Spedition TESCH aus Aachen beauftragt werden. Da für die Einfuhr der Zubehörteile die Vorschrift „BRASIL. FLAG VESSEL" besteht, platziert FENSKE eine konditionelle Buchung bei der Reederei AMEROPA LOGISTICA Ltda. für das Schiff „Santa Maria II".

a) Erläutern Sie, wer von den Beteiligten die Funktion eines Versenders, Verfrachters, Befrachters und Abladers hat.

b) Welche Bedeutung hat die konditionelle Buchung durch den Seehafenspediteur?

c) Nennen Sie **4** Angaben, die der Seehafenspediteur bei der Buchung des Schiffsraums der Reederei übermitteln muss.

d) Erläutern Sie den möglichen Hintergrund für die Flaggenvorschrift.

e) Beschreiben Sie kurz die besondere geografische Lage des Hafens von Manaus.

7. Aufgabe – Frachtberechnung bei CFR gem. Incoterms 2020

Für die Sendung nach Manaus wird ein Konnossement erstellt mit dem Vermerk „Freight payable at Hamburg". Die Reederei berechnet für die Sendung 94,00 € M/G zzgl. BAF 5,00 €/FRT und vergütet eine Spediteurprovision von 3 % der Nettoseefracht.

a) Erläutern Sie den Zusammenhang zwischen dem Vermerk im Konnossement und dem Incoterm CFR.

b) Wer hat die Frachtzahlung an die Reederei zu leisten?

c) Wie viel mal messend ist die Sendung für Manaus?

d) Erstellen Sie die Abrechnung an den Zahlungspflichtigen.

e) Wofür steht die Abkürzung BAF?

8. Aufgabe – Haftung des Verfrachters

Kurz nach Antritt der Seereise Richtung Brasilien löst sich infolge der Unaufmerksamkeit eines Matrosen schweres Ladungsgeschirr aus der Arretierung und fällt durch einen Ladeschacht auf drei der Kisten mit Zubehörteilen. Die Teile sind wirtschaftlich nicht mehr verwertbar.

Zur Geltendmachung des Schadens (eine Versicherung für die CFR-Sendung wurde nicht eingedeckt) werden der Reederei folgende Daten übermittelt:

Wert der Sendung:	18.500,00 €
Wert der beschädigten Einheiten	
in Kiste Nr. 1	1.170,00 €
in Kiste Nr. 2	2.430,00 €
in Kiste Nr. 3	1.940,00 €
Totalschaden:	5.540,00 €
Gewicht je beschädigter Einheit:	160 kg

a) Erläutern Sie kurz die Haftungssituation des Reeders.

b) Berechnen und erläutern Sie die Schadenersatzleistung der Reederei (1 SZR = 1,20 €).

Quelle: GDV e. V.

9. Aufgabe – Konnossement

Fall 1

Als zuständige/-r Mitarbeiter/-in der SPEDAIX GmbH, Aachen, arbeiten Sie bei der Besorgung und Erstellung von Seefrachtpapieren mit, deren Inhalte und Bedeutung mit den Auszubildenden Ihres Hauses thematisiert werden. Im Hausunterricht sollen Ihre Auszubildenden bei einem Konnossement (**siehe Abbildung**) folgende typische Klauseln ausfindig machen:

- Kassatorische Klausel
- Akkreditivklausel
- Rundlaufklausel (Container)
- Freizeichnungsklausel (Verfrachter)
- Freizeichnungsklausel (Ablader)
- Orderklausel

Feld 1

Bill of Lading
for combined Transport or Port to Port Shipment

Feld 2
Shipper
SPEDAIX GmbH
Debyestraße 200
D-52078 Aachen
as Agent of
ALL SEASONS GmbH
Reifenhandel
Nordstraße 44 a
D-52078 Aachen

Feld 3
Voyage-No.
7307

Feld 4
ECB-No.
HSYV2-4566399

Feld 5
Carrier
McAllister & Woolf GmbH
Hansestadt Bremen
Atlantik-Schifffahrtsgesellschaft

Feld 6
Consignee or Order
BLACKROCK Inc.
POB 447712
CHICAGO, U.S.

Feld 7
Notify address
GREENPORT FORWARDERS
AGENT
679 Blind Corner West
Chicago, IL 60646 USA

Feld 8
Ocean Vessel: Boogie SW III
Port of Loading: Bremen

Feld 9
Port of Discharge
Chicago

Feld 10

Container Nos., Marks	Number and kind of packages	Gross weight (KGS)	Measurement (cbm)
AWU 3222-4	1 x 20' STANDARD, S.T.C. Tires & chrome rims FR42 1:8 hard pimp style L/C No. 666/B/338 FREIGHT PREPAID	18,500 KGS	

SHIPPED ON BOARD
20..-05-14
McAllister & Woolf GmbH
H. Heinze

Feld 11
Received by the Carrier in apparent good order and condition the goods or packages specified herein and to be discharged at the above mentioned port of discharge. (...)
In witness whereof the Carrier or his Agent has signed Bills of Lading all of this tenor and date, one of which being accomplished, the others to stand void. Shippers are requested to note particularly the exceptions and Conditions of this Bill of Lading with reference to the validity of the insurance upon their goods.

Feld 12
Movement
FCL/FCL

Feld 13
Total No. of Containers received by the Carrier: - 1 – (one)
No. of original B(s)/L: - 3 – (three)

Feld 14
Freight payable at:
Bremen

Feld 15
Place and date of issue:
Bremen, 20..-05-14

Feld 16
Original

Feld 17
H. Heinze
McAllister & Woolf GmbH
Hansestadt Bremen

9. Aufgabe – Konnossement

a) In welchen Feldern (1 – 17) des in der **Abbildung** dargestellten Konnossements befinden sich diese Klauseln jeweils und welche Bedeutung haben sie im Einzelnen?

b) Begründen Sie, ob dieses Konnossement den Status eines „Received B/L" hat.

c) Erläutern Sie, ob es sich bei diesem Konnossement um ein „bankfähiges" Papier handelt.

d) Was versteht man bei einem Konnossement unter der Traditionsfunktion?

e) Welche Firmen sind auf dem Konnossement als Befrachter, Ablader, Verfrachter und Empfänger auszumachen?

f) Wer ist hier der Frachtzahler?

g) Beschreiben Sie kurz, um welche „kind of packages" es sich bei diesem Konnossement handelt.

h) Wie viele Originalkonnossemente wurden ausgestellt?

i) Wem muss der Kapitän der Boogie SW III die voraussichtliche Ankunft des Schiffes melden?

j) Nennen Sie die **3** anderen Rundlaufklauseln für Container, außer der hier im B/L verwendeten.

Fall 2

Ein Neukunde Ihrer Internationalen Spedition will in nächster Zeit bestimmte Sonderanfertigungen für Maschinen in der Landwirtschaft nach Fernost per Seeschiff befördern lassen. Hierbei ergeben sich folgende Fragen:

a) Bei seinen Lieferungen handelt es sich vorwiegend um Spezialanfertigungen nach Maßangaben der Kunden in Fernost, die seine Produkte ausschließlich in ihre Maschinen einbauen. Einer seiner Mitarbeiter schlägt die Ausstellung eines Namens- statt eines Order-Konnossements vor.
Welche Gründe gibt es für diesen Vorschlag?

b) Im Asien-Geschäft des Kunden soll das Dokumenten-Akkreditiv zur Zahlungssicherung zur Anwendung kommen. Hierfür erforderlich ist die Bankfähigkeit der Konnossemente. Welchen Qualitätsanforderungen muss das Konnossement genügen, um die Bankfähigkeit zu erreichen?

c) Im Rahmen eines laufenden Akkreditivverfahrens werden Sie als Ablader für Ihren Kunden tätig. Bei der Übergabe der Güter an den Verfrachter moniert dieser leichte Mängel an der Verpackung und weigert sich zunächst, das Bord-Konnossement „rein" zu zeichnen. Ein „foul-B/L" würde jedoch das Akkreditiv zum „Platzen" bringen. Auf der weniger seetauglichen Verpackung hat Ihr Kunde jedoch aus Kostengründen bestanden. Wodurch kann in dieser Situation ein Scheitern des Dokumenten-Akkreditivs verhindert werden?

   Berücksichtigen Sie hierbei auch die Interessenlage Ihrer Abladersituation.

10. Aufgabe – Havarie/Haverei

Das Containerschiff „RUHDORF XIII“ befindet sich auf großer Fahrt von Hamburg nach Santos. Kurz nach Erreichen des brasilianischen Küstengebietes kommt das Schiff in einen Orkan und havariert. Mit Mühe und Not kann der Großteil der Ladung gerettet werden. Das havarierte Schiff wird in den Nothafen Recife eingeschleppt.

Bei der Havarie sind folgende Kosten entstanden:

- Kosten des Einschleppens: 55.000,00 $
- Entladen und Sortieren in Recife: 105.000,00 $
- Reparaturkosten der beim Seewurf beschädigten Schiffsreling: 28.000,00 $
- Schäden am Ladungsgut: 1.282.000,00 €

Die Schadenverteilung ist auf das Schiff, die Ladung und die Fracht vorzunehmen.

Folgende Werte wurden ermittelt:

- Wert des Schiffes: 4.560.000,00 €
- Wert der Ladung lt. Handelsrechnungen: 11.440.000,00 €
- Seefracht insgesamt: 210.000,00 €

1,00 $ = 0,80 €

a) Der hier eingetretene Unfall auf hoher See wird als gemeinschaftliche Havarie (auch: große Havarie) bezeichnet.
Nennen Sie die Voraussetzungen, die dafür vorliegen müssen.

b) Was bedeutet der Begriff „Haverei“ und nach welchen Regeln ist diese abzuwickeln?

c) Ein vereidigter Sachverständiger erstellt eine Urkunde über die festgestellten Schäden und Schadensursachen. Wie nennt man diesen Sachverständigen und wie heißt die von ihm vorgenommene urkundliche Feststellung?

d) Ermitteln Sie das Beitragskapital.

e) Berechnen Sie die Beitragsquote (auf 2 Nachkommastellen gerundet).

f) Mit wie viel Euro ist ein Exporthändler aus Maschen als Frachtzahler am Schaden beteiligt, wenn dieser für eine CFR-Sendung 2.330,00 € gezahlt hat?

11. Aufgabe – Fachbegriffe der Seeschifffahrt

Teil 1

Auszug aus einer Booking information:

BOOKING No.:	X 677-904		
VESSEL/Carrier:	LEBLON/ALIANCA NAVEGACAO E LOGISTICA LTDA.		
POR:	Rotterdam	CLOSING:	20..-03-30 – 20:00
POL:	Rotterdam	**ETS:**	20..-03-31
POD:	Recife	**ETA:**	20..-04-25
CONTAINER:	1 x 40' HIGH CUBE	WEIGHT:	27,550 KGS
POSITIONING:	20..-03-24 – 8:00 AIXTRON AG (HQ), Kackertstr. 15-17, D52072 Aachen		
CONTAINER-MOVEMENT:	**MH**	**THC:**	€ 186,00
FAC Spedaix:	3 %	**BAF:**	$ 101,00 / TEU

a) Erläutern Sie den Begriff „CLOSING".

b) Übersetzen Sie die **fett**gedruckten Abkürzungen.

Teil 2

Übersetzen Sie folgende Abkürzungen:

- NVOCC
- ECB
- CAF
- ISPS
- FBL
- CH

Teil 3

Erläutern Sie folgende Fachbegriffe:

a) detention charge

b) congestion surcharge

c) demurrage

d) lumpsum rate

e) FAK rates

12. Aufgabe – Seefrachtberechnung

Ein deutscher Exporteur versendet 35 Hydraulikpumpen von Hamburg nach Philadelphia per Seeschiff.

Folgende Sendungsdaten sind bekannt:

Maße je verpackter Pumpe:	1,20 m x 0,70 m x 0,70 m
Gewicht je verpackter Pumpe:	287 kg
Wert je Pumpe:	8.450,00 €

Die Seebeförderung soll vom kostengünstigsten Verfrachter durchgeführt werden. Nachdem mehrere Angebote eingeholt wurden, stehen eine Konferenzreederei und ein Outsider in Konkurrenz.

Sie sollen als beauftragter Seehafenspediteur die günstigste Fracht auf Basis der nachstehenden Tarifinformationen ermitteln:

1,00 $ = 0,80 €

Stückguttarif einer Konferenzreederei:		
Frachtrate laut Tarif:	152,50 $ W/M	
CAF:	6 % von der Grundfracht	
Immediate Rebate:	9,5 % von der Gesamtfracht	
Containertarif eines Outsiders:	**20‘**	**40‘**
Frachtrate laut Tarif:	135,00 $ W/M	115,00 $ W/M
Min. Containerauslastung: – bei Maßratengütern – bei Gewichtsratengütern	 17 cbm 17 t	 34 cbm 17 t
Max. Containerauslastung: – bei Maßratengütern – bei Gewichtsratengütern	 31,6 cbm 21,8 t	 68,8 cbm 27 t
Congestion Surcharge für Containerumschlag: CAF:	180,00 $ je Container 7,5 % von der Grundfracht	

13. Aufgabe – Kundenanfrage bearbeiten

Sie sind Mitarbeiter/-in der SI Shipping Lines, Inc., 14, King Henry Road, in Singapur und erhalten heute folgendes Schreiben von einem Ihrer Kunden:

MITO TENT Industries Ltd.
72, Bukit Tinggi Road, Singapore 289760
Tel: (65) 6469 1133 Fax: (65) 6469 0319

SI Shipping Lines Inc.
14, King Henry Road
Singapore

19 March 20..

Dear Sirs,

We are going to ship a consignment of tents and further relevant equipment to Antwerp at the beginning of April 20... The consignment consists of 600 tents which have been packed into wooden crates marked 1 - 40, measuring 4.5 x 3 x 2 metres each and weighing 380 kilos (total weight).

Would you please inform us which vessels are available to reach Antwerp before the end of April? Please let us also know your freight rates.

Yours faithfully,

Roderick Stewart

General Manager

Antworten Sie Ihrem Kunden am 20.03.20.. (in englischer Sprache). Ihr Schreiben sollte folgende Punkte beinhalten:

(1) Dank für die Anfrage
(2) Einzelheiten der Fahrzeiten vom 25. März bis 15. April auf der Strecke von Singapur nach Antwerpen (Belgien) sind beigefügt.
(3) Das erste verfügbare Schiff ist die „SS QUIMPERLE", die in der Zeit vom 3. bis 7. April lädt und am 2. Mai 20.. in Antwerpen sein wird.
(4) Die Frachtkosten für Sendungen in Holzkisten betragen $ 65,00 je Tonne.
(5) Versandvorschriften sind an die Routenbeschreibung angeheftet.
(6) Schlussformel

Benutzen Sie zur Abfassung Ihres Schreibens das Formular auf der nächsten Seite.
Hinweis: Sollte der Schreibraum zu knapp bemessen sein, fügen Sie ein weiteres Blatt hinzu.

Briefvordruck zur 13. Aufgabe

SI Shipping Lines Inc.
14, King Henry Road, Singapore
Directors: J. Wu, R. Stevens, B. Johansson

Tel: (065) 8876 2319
Fax: (065) 8876 4552

SI Shipping Lines Inc., 14, King Henry Road, Singapore

.
.
.
.
.
.
.
.

____

date: __________

______________________________ (Anrede)

14. Aufgabe – Sammelgut See

Situation:

Als verantwortliche/-r Mitarbeiter/-in der SPEDAIX GmbH, Aachen, sind Sie auch für Sammelguttransporte per Seeschiff zuständig.

Heute erhalten Sie den Auftrag Ihres Versenders MEDITEC AG, Köln, folgende Sendung seemäßig zu verschiffen:

5 400 kg Laborausstattung, Volumen: 10,665 cbm
Incoterm CFR Dubai (VAE) gem. Incoterms 2020
Empfänger ist die SHEDLIN MIDDLE EAST HEALTH CARE GmbH & Co. KG mit Sitz in Dubai, VAE (Vereinigte Arabische Emirate)
Verschiffungshafen: Hamburg
Bestimmungshafen: Port Rashid, Dubai, VAE

Weitere Angaben:

- Seehafenspediteur ist Hermann Hansen, Hamburg (HHH GmbH).
- MEDITEC wünscht die Ausstellung eines FBL.
- Es gelten die Preisvereinbarungen vom 15.01. d. J.
- Frachtführer Werner Wagenknecht e. K., Düren, erhält den Auftrag, die Sendung von Köln nach Hamburg zu befördern.

a) Erstellen Sie die Rechnung für die MEDITEC AG, Düsseldorf unter Berücksichtigung der in den **Anlagen** (siehe nächste Seite) enthaltenen Informationen.

b) Ermitteln Sie das Rohergebnis für diesen Auftrag.

c) Beschreiben Sie den Seeweg, den das Schiff von Hamburg nach Dubai befährt.

14. Aufgabe – Sammelgut See

Anlage 1

Preisvereinbarung vom 15.01. d. J. mit der MEDITEC AG, Düsseldorf	
Vorlauf Köln – Hamburg, 434 km	330,00 €
Seefracht CAF BAF THC	88,00 $ M/G 8 % von der Grundfracht 6,00 $ M/G 22,00 €/1 000 kg
FBL-Spesen	25,00 €
ISPS-Zuschläge – Stückgut (LCL) ISPS-Zuschläge – Container (FCL)	4,50 €/Sendung 20,00 €/Container
Maut zur Weiterberechnung für den Spediteursammelgutverkehr für 405 Autobahnkilometer	25,58 €

Anlage 2

Auszug aus der Rechnung von Werner Wagenknecht e. K., Düren

LKW-Fracht Köln – Hamburg für 5,2 LDM, 5 400 kg		298,00 €
Maut für 405 km mautpflichtige Strecke		25,58 €
		323,58 €
	19 % USt	61,48 €
	Bruttobetrag	385,06 €

Anlage 3

Auszug aus der Rechnung der Hermann Hansen (HHH GmbH), Hamburg

OCEAN FREIGHT LCL 10,665 cbm x 60,00 $	639,90 $	491,38 €
CAF 8 %	51,19 $	39,31 €
BAF 6 $ x 10,665 cbm	63,99 $	49,14 €
1,00 € = 1,30 $		
THC 22,00 € x 5,4 t		118,80 €
ISPS SURCHARGE		4,50 €
		703,13 €

15. Aufgabe – Seefracht-Geographie

An welchem Meer/Ozean/Wasserstraße/Kanal liegt …?

Nennen Sie auch die Länder.

- Rotterdam
- Le Havre
- Baltimore
- Genua
- Southhampton
- New York
- Los Angeles
- Lissabon
- Marseille
- Port Said
- Jeddah/Dschidda
- Dubai
- Mumbai
- Singapur
- Rostock
- Buenos Aires
- Piräus
- Hongkong
- Duala
- Danzig
- Triest
- Koper
- Colombo
- Casablanca
- Valparaiso

Lösungsteil

Notizen

Lösung zur 1. Aufgabe – Westeuropäische Häfen

a) **ARA-Häfen (engl. ARA range):**
Nr. 1: **A**msterdam
Nr. 2: **R**otterdam
Nr. 3: **A**ntwerpen

b) **ZARA-Häfen:**
zusätzlich zu den unter a) genannten 3 Häfen
Zeebrügge

Lösung zur 2. Aufgabe – Fahrtgebiete in der Linienschifffahrt

a) Fahrtgebiete, die passiert werden:
Nr. 17 – Indien/Pakistan/Bangladesch
Nr. 18 – Indonesien/Neuguinea/Südsee
Nr. 20 – Australien

b) Das Schiff durchfährt die Sundastraße. Die Meerenge zwischen Malaysia und der Insel Sumatra ist die Straße von Malakka.

c) Lage der einzelnen Häfen:
- Mumbai (ehem. Bombay) liegt an der Westküste Indiens.
- Jakarta (ehem. Batavia) ist die Landeshauptstadt von Indonesien.
- Fremantle (bei Perth) ist eine Hafenstadt an der Westküste Australiens.

Lösung zur 3. Aufgabe – Wichtige Seewege und Welthäfen

a) Kōbe liegt in Japan und Koper in Slowenien.

b) Kii-Kanal (bei Kōbe) – Pazifischer Ozean (Pazifik) – Südchinesisches Meer – Straße von Malakka – Andamanisches Meer – Golf von Bengalen – Indischer Ozean – Arabisches Meer – Golf von Aden – Bab el-Mandeb (auch: Bab al-Mandab) – Rotes Meer – Golf von Suez (Suez-Kanal) – Mittelmeer – Ionisches Meer – Straße von Otranto – Adriatisches Meer – Golf von Triest

c) Weitere **Südhäfen** (Mittelmeerhäfen) sind:
- Sète
- Marseille-Fos
- Savona
- Genua
- La Spezia
- Venedig
- Triest
- Rijeka
- usw.

Lösung zur 3. Aufgabe – Wichtige Seewege und Welthäfen

d) Weitere Seehäfen Deutschlands sind

an der **Nordsee** gelegen:

- Brake
- Bremen (zusammen mit Bremerhaven als Bremische Häfen bezeichnet)
- Bremerhaven (zusammen mit Bremen als Bremische Häfen bezeichnet)
- Brunsbüttel
- Cuxhaven
- Emden
- JadeWeserPort (JWB) in Wilhelmshaven
- Nordenham
- Stade

an der **Ostsee** gelegen:

- Flensburg
- Kiel
- Lübeck
- Rostock
- Stralsund
- Wismar
- Wolgast

e) Wichtige Welthäfen im Fahrtgebiet:

- **Nr. 02 (Nordamerika – USA-Ostküste):** New York, Boston, Philadelphia, Baltimore usw.
- **Nr. 09 (Südamerika/Ostküste):** Buenos Aires, Montevideo, Recife, Santos, Rio de Janeiro usw.
- **Nr. 13 (Westafrika):** Lagos (Apapa), Dakar, Monrovia, Luanda, Abidjan usw.
- **Nr. 19 (Ostasien):** Bangkok, Busan, Hongkong, Manila, Osaka, Shanghai, Singapur, Yokohama usw.

Lösung zur 3. Aufgabe – Wichtige Seewege und Welthäfen

f) Die richtige Reihenfolge der Seewege (in Fahrtrichtung) lautet:

Atlantischer Ozean (Atlantik) – Straße von Gibraltar – Mittelmeer – Ägäis – Dardanellen – Marmarameer – Bosporus – Schwarzes Meer

Lösung zur 4. Aufgabe – Betriebsformen

a) In der **Linienschifffahrt** verkehren die Schiffe regelmäßig zu bestimmten Zeiten zwischen den Verschiffungs- und Bestimmungshäfen (ggf. unter Berücksichtigung von Zwischenstationen).

Von **Trampschifffahrt** spricht man, wenn sich die Reisezeit und die Reiseroute nach dem Ladungsangebot (vorwiegend Massengüter) richtet.

b) Eine **Linienkonferenz** ist ein freiwilliger Zusammenschluss von Linienreedern eines bestimmten Fahrtgebietes mit dem Ziel der Vermeidung eines ruinösen Wettbewerbs. Dieses internationale Kartell sieht seine Aufgaben z. B. in:

- der Koordinierung der Abfahrtstermine
- der Quotierung von Ladungsmengen bzw. Schiffsraumangeboten
- der Fortschreibung einheitlicher Konferenztarife
- der Vereinheitlichung von Beförderungs- bzw. Konnossementsbedingungen

Lösung zur 4. Aufgabe – Betriebsformen

c) Bei **offenen Konferenzen** erfolgt die Neuaufnahme von Mitgliedern ohne Zustimmung der Konferenzmitglieder, aber unter Einhaltung bestimmter Mindestvoraussetzungen.

Bei **geschlossenen Konferenzen** erfolgt die Neuaufnahme von Mitgliedern hingegen nur mit Zustimmung der Konferenzmitglieder.

d) Zusätzlich zu den Aufgaben die in einer reinen Linienkonferenz wahrgenommen werden, wird die Zusammenarbeit der Linienreeder bei einem **Konsortium** noch auf folgende typische Schwerpunkte erweitert und intensiviert:

- Betreiben gemeinsamer Terminals und/oder Hafenbetriebe
- wechselseitiges Verchartern von Containerstellplätzen (sog. slots)
- gemeinsame Akquisitionen und Marketingaktivitäten
- gegenseitiger Raumcharter

Typisch für ein Konsortium ist, dass die wirtschaftliche Eigenständigkeit in Teilbereichen aufgegeben wird und die rechtliche Selbstständigkeit erhalten bleibt.

e) Die Schiffslisten der Linienreedereien geben Auskunft über die Abfahrt- und Ankunftszeiten der Schiffe.

Lösung zur 5. Aufgabe – Containerrundläufe

a) FCL/LCL (Full Container Load/Less than Container Load)

b) **Merchant's Haulage (MH)** bezeichnet die Organisation des Container-Vor- und Nachlaufs durch den Versender bzw. den beauftragten Spediteur. Hier wird der Container von der Reederei an einem Containerdepot zur Verfügung gestellt.

c) Bei dem Vorlauf per Eisenbahn hat der Versender mehr Zeit für die Beladung zur Verfügung (meistens 24 Std.). Beim LKW hingegen ist die Beladezeit wesentlich kürzer (ca. 3 Std.). Der Einsatz der Eisenbahn ist zudem umweltfreundlicher als eine Fahrt mit dem Lkw und die Gefahr von Staus oder anderen Verkehrsbehinderungen geringer.

d) Fachbegriffe und ihre Bedeutung:

- **CY:** Ein **C**ontainer **Y**ard meint zum einen das Container-Leerdepot und zum anderen auch den Stellplatz für den Vollcontainer im Hafen.
- **LCL/LCL:** **L**ess than **C**ontainer **L**oad/**L**ess than **C**ontainer **L**oad (auch CFS/CFS genannt) bezeichnet den Containerrundlauf im sog. Pier-Pier-Verkehr. Mehrere Stückgutsendungen einzelner Verlader werden in der CFS des Abgangshafens in den Container verladen und in der CFS des Bestimmungshafens wieder aus dem Container entladen.
- **CFS:** **C**ontainer **F**reight **S**tation
- **van carrier:** Der Portalhubwagen (auch: straddle carrier) ist ein Flurförderzeug zum Transport und Stapelung von Containern. Die Stapelung ist (je nach Modell) in bis zu 4 Lagen möglich.

Lösung zur 5. Aufgabe – Containerrundläufe

e) Vorteile von Containern sind bzw. können sein:

- Verminderung des Transportrisikos (stabile Verpackung)
- Ersparnis von Umschlagkosten (Reduktion der Umladeprozesse)
- Verkürzung der Transportdauer (geringe Lade- und Löschzeiten)
- Lagerraumfunktion (Container ist ein transportables Lager.)
- Frachtkostenersparnis (einfaches Handling des Containers)
- Verpackungskostenersparnis (Container als Großraumverpackung)
- usw.

Lösung zur 6. Aufgabe – Stückgutfrachtvertrag

a) Funktionen der Beteiligten:

- **Versender** = Claus von KEMPEN e. K.; er schließt Speditionsverträge mit FENSKE und TESCH.
- **Verfrachter** = Reederei AMEROPA LOGISTICA Ltda.; sie soll die Beförderung durchführen und schließt einen Frachtvertrag mit FENSKE.
- **Befrachter** = Seehafenspediteur FENSKE; er bucht den Laderaum bei der Reederei und wird dadurch zum Auftraggeber von AMEROPA.
- **Ablader** = Seehafenspediteur FENSKE; da er auch die Verschiffung vornimmt und die Güter an Bord des Schiffes verbringen wird, ist er gleichzeitig auch Ablader. Würde FENSKE für diese Tätigkeit einen Dritten (z. B. einen FOB-Spediteur) beauftragen, wäre dieser in der Funktion des Abladers.

Hinweis zum Spediteur Tesch:
Der Spediteur TESCH ist lediglich Inlandsspediteur, der die Sendung im Kaischuppen an FENSKE übergibt.

b) Mit einer konditionellen (bedingten) Buchung will sich der Befrachter (hier der Seehafenspediteur FENSKE) für den Zeitraum der festgelegten Buchungsfrist (i. d. R. bis zu 3 Monate) eine zum Zeitpunkt der Buchung gültige Rate und den Laderaum sichern. Diese Buchung ist für FENSKE nicht verpflichtend, sodass auch bei Nichtinanspruchnahme keine Fautfracht (Fehlfracht) anfällt. Durch Aufforderung des Reeders bzw. seines Agenten kann diese Buchung in eine feste Buchung umgewandelt werden.

Lösung zur 6. Aufgabe – Stückgutfrachtvertrag

c) Buchungsangaben sind:

- Löschhafen (Port of Discharge)
- Name des Schiffes (insbesondere bei flaggengebundener Sendung)
- Verfügbarkeit der Ware im Verschiffungshafen
- Stückzahl, Gewicht und Maße der Sendung
- Verpackungsart
- Warenart
- ggf. Angaben über Gefahrgut
- usw.

d) Da PTX dem Exporthändler die Kopie einer benötigten Importlizenz übersandt hat, sehen die brasilianischen Importbestimmungen eine Flaggenvorschrift vor, d. h., diese Güterart darf dann nur unter brasilianischer Flagge befördert werden. Zur Erteilung der Importlizenz wird i. d. R. eine Pro-forma-Rechnung benötigt, die der Exporteur an den Importeur sendet. Diese Rechnung entspricht der (späteren) Handelsrechnung, löst jedoch keine Zahlung aus.

e) Manaus ist ein von der brasilianischen Nordostküste ca. 5 200 km entfernt liegender Binnenhafen am Rio Negro, der über den Lauf des Amazonas erreichbar ist. Trotz seiner geographischen Lage weit im Landesinneren Brasiliens, ist er ohne Probleme auch von größeren Seeschiffen anlaufbar.

Lösung zur 7. Aufgabe – Frachtberechnung bei CFR gem. Incoterms 2020

a) Da im Kaufvertrag zwischen C. von KEMPEN und PTX die Klausel „CFR Manaus“ gemäß Incoterms 2020 vereinbart wurde, muss der Exporthändler Kosten und Fracht (Cost and Freight) bis zum Bestimmungshafen (port of destination) zahlen. Die Aushändigung des reedereiseitig unterschriebenen Konnossements erfolgt gegen Zahlung der Fracht in Hamburg.

b) Da der Seehafenspediteur FENSKE als Befrachter auftritt, ist er dem Verfrachter gegenüber frachtzahlungspflichtig.

c) Die Sendung ist 4,875-mal messend.

Wie viel mal messend eine Sendung ist, bezieht sich auf die Frage, wie viel mal das Gewicht der Sendung (in t) im Volumen (in cbm) enthalten ist.

Gewicht der Sendung:	8 Kisten x 160 kg/Kiste = 1 280 kg	=	1,28 t
Volumen der Sendung:	8 Kisten x (1,25 m x 0,8 m x 0,78 m)	=	6,24 cbm

6,24 cbm : 1,28 t = 4,875-mal messend

Lösung zur 7. Aufgabe – Frachtberechnung bei CFR gem. Incoterms 2020

d) Da die Abrechnung durch „M/G“ (Maß oder Gewicht) in Reeders Wahl gestellt ist, wird die Reederei nach Volumen abrechnen (hier 6,24 FRT = Frachtrechnungstonnen, engl. freight tons).

Da der Zahlungspflichtige der Spediteur ist, sieht die Rechnung wie folgt aus:

	586,56 €	Seefracht (6,24 cbm FRT x 94,00 €)
+	31,20 €	BAF (6,24 cbm FRT x 5,00 €)
–	17,60 €	Spediteurprovision (3 % von 586,56 €)
	600,16 €	

e) **BAF** = Bunker Adjustment Factor (Bunkerzuschlag)

Hiermit nimmt der Reeder einen Ausgleich für schwankende Treibstoffkosten vor. Die Treibstoffkosten sind ein wesentlicher Kostenfaktor in der Seefahrt und insbesondere die Ölpreise unterliegen z. T. starken Preisschwankungen.

Lösung zur 8. Aufgabe – Haftung des Verfrachters

a) Der Verfrachter haftet gemäß § 498 Satz 1 HGB für den Schaden, der durch Verlust oder Beschädigung des Gutes in der Zeit von der Übernahme der Beförderung bis zur Ablieferung entsteht. Nach § 501 HGB hat der Verfrachter ein Verschulden seiner Leute und der Schiffsbesatzung in gleichem Umfang zu vertreten wie eigenes Verschulden. Seine Obhuts- und Sorgfaltspflicht bezieht sich auch auf die Verantwortung für ein einwandfreies Ladegeschirr sowie dessen Sicherung.

b) Die Höhe der maximalen Haftung ergibt sich aus § 504 HGB, wonach der Verfrachter für Verlust oder Beschädigung der Güter höchstens

- bis zu einem Betrag von 666,67 SZR für das Stück oder die Einheit = Variante 1
- oder bis zu einem Betrag von 2 SZR für das Kilogramm des Rohgewichts der verlorenen oder beschädigten Güter = Variante 2

haftet, je nachdem, welcher Betrag höher ist.

Maximalhaftung nach **Variante 1**:

3 Kisten x 666,67 SZR = 2000,01 SZR

2.000,01 SZR x 1,20 € = 2.400,01 €

Maximalhaftung nach **Variante 2**:

3 Kisten x 160 kg/Kiste = 480,0 kg

480,0 kg x 2 SZR = 960,00 SZR

960,00 SZR x 1,20 € = 1.152,00 €

Lösung zur 8. Aufgabe – Haftung des Verfrachters

Fazit: Die Schadensumme von 5.540,00 € bleibt aufgrund der zu wählenden Variante 1 zu einem Betrag von 3.139,99 € (5.540,00 € – 2.400,01 €) ungedeckt.

Hinweis:

Das Schnittgewicht, ab dem es günstiger ist, die Erstattung nach Variante 2 zu wählen, liegt bei 334 kg:

$$\frac{666{,}67 \text{ SZR}}{2 \text{ SZR}} = 333{,}335 \text{ kg} \approx 334 \text{ kg}$$

Lösung zur 9. Aufgabe – Konnossement

Fall 1

a) Kassatorische Klausel: Feld Nr. 11 *(In witness whereof …)*
Akkreditivklausel: Feld Nr. 10 *(L/C No. 666/B/338)*
Rundlaufklausel (Container): Feld Nr. 12 *(Movement: FCL/FCL)*
Freizeichnungsklausel (Verfrachter): Feld Nr. 10 *(S.T.C.)*
Freizeichnungsklausel (Ablader): Feld Nr. 2 *(as Agent of …)*
Orderklausel: Feld Nr. 6 *(Consignee or Order)*

Bedeutung der Klauseln:

Kassatorische Klausel: Gegen Übergabe eines Original-Konnossements (durch den legitimierten Berechtigten) erfolgt im Löschhafen die Aushändigung der Ware. Damit verlieren die übrigen Originale (üblich sind 2 – 3) ihre Gültigkeit.

Akkreditivklausel: Die Akkreditvklausel (L/C = Letter of Credit) auf dem Konnossement weist darauf hin, dass dieses Papier in einem Akkreditivverfahren Verwendung findet. Das Konnossement muss den Anforderungen (ERA 600) und den Vereinbarungen dieses Akkreditivs entsprechen.

Rundlaufklausel (Container): Movement FCL/FCL (Full Container Load/Full Container Load) bezeichnet einen Containerrundlauf vom Haus des Versenders (Exporteur, Befrachter) bis zum Haus des Empfängers (consignee). Der Container wird beim Versender gepackt (stuffing) und erst beim Empfänger entladen (stripping).

Freizeichnungsklausel (Verfrachter): S.T.C. (said to contain) bedeutet, dass der Verfrachter (Reeder, carrier) keinerlei Garantien für den Containerinhalt gibt. Es werden lediglich die Anzahl, die Zeichen sowie Nummern und die äußere Beschaffenheit des Containers geprüft.

Freizeichnungsklausel (Ablader): Eine weitere Freizeichnung kann in der Formulierung „as Agent of" (Feld 2) gesehen werden. Da nach deutschem Seerecht im Konnossement der Name des Abladers (dies ist nicht unbedingt der Befrachter) genannt werden muss, erscheint hier die SPEDAIX GmbH als Ablader, die im Auftrag der ALL SEASONS GmbH (dem Befrachter) als Agent handelt. Durch den Zusatz „as Agent of" kann der Spediteur sich von der Haftung für die vom Befrachter gemachten Angaben zur Sendung im Konnossement freizeichnen.

Lösung zur 9. Aufgabe – Konnossement

a) **Orderklausel:** Grundsätzlich ist das Konnossement ein „geborenes“ Namenspapier (Rektapapier), d. h., der Empfänger wird namentlich genannt. Sollen die Rechte am Papier aber auf einen Dritten übertragbar sein, muss aus dem „geborenen“ Namenspapier ein „gekorenes“ Orderpapier gemacht werden. Ist also eine Weitergabe des Konnossements an einen Dritten vorgesehen, erhält das Konnossement im Feld des Empfängers den Zusatz „or Order“ bzw. „to Order“. Damit wird eine Übertragung der Eigentumsrechte an der im Konnossement bezeichneten Sendung an einen weiteren Erwerber durch ein sog. Indossament (Übertragungsvermerk auf der Rückseite) möglich. Mit diesem Übertragungsvermerk geht das Eigentum am Papier auf den neuen Inhaber über. Dies macht Sinn, wenn eine Weiterveräußerung schon während des Seetransportes oder nach Ankunft im Bestimmungshafen vorgesehen ist. Namenskonnossemente, die von vornherein die Handelbarkeit der Ware ausschließen, können nur mittels Zession (notariell beurkundete Abtretung des Herausgabeanspruchs) übertragen werden.

b) Ein „Received B/L“ trägt lediglich den Vermerk, dass die Sendung von der Reederei (dem Verfrachter) übernommen wurde. Im Fall des vorliegenden Konnossements wurde die Sendung aber bereits an Bord **verladen** (shipped on board), es handelt sich also um ein „On-Board B/L“.

c) Konnossemente, die im Rahmen eines Akkreditivs verlangt werden, müssen bankfähig sein, d. h., sie müssen rein (also ohne Abschreibungen wegen evtl. Schäden an der Verpackung etc.) sein und den Nachweis führen, dass die Sendung an Bord des im Akkreditiv genannten Seeschiffes im Verschiffungshafen verladen wurde. Beides ist hier der Fall.

d) Das Eigentum an einer beweglichen Sache kann gemäß § 929 (1) BGB nur durch Einigung und (körperliche) Übergabe (der Ware) übertragen werden. Da das Konnossement aber die sog. Traditionsfunktion (lat. tradere = übergeben bzw. traditio = Übergabe) besitzt, ist es ein handelbares Warenwertpapier, bei dem die Übergabe des Papiers der Übergabe der Ware gleichkommt. Nach § 524 HGB Traditionswirkung des Konnossements: „Die Begebung des Konnossements an den darin benannten Empfänger hat, sofern der Verfrachter das Gut im Besitz hat, für den Erwerb von Rechten an dem Gut dieselben Wirkungen wie die Übergabe des Gutes. Gleiches gilt für die Übertragung des Konnossements an Dritte.“

e) **Befrachter:** ALL SEASONS GmbH in Aachen
Ablader: SPEDAIX GmbH in Aachen
Verfrachter: McAllister & Woolf GmbH in Bremen
Empfänger: BLACKROCK Inc. in Chicago

f) Frachtzahler ist der Shipper (Feld 2), die SPEDAIX GmbH als Agent (und Ablader) des Befrachters (ALL SEASONS GmbH), da den Vermerken in den Feldern 10 und 14 des Konnossements zu entnehmen ist, dass die Fracht (im Voraus) in Bremen gezahlt wurde: *FREIGHT PREPAID* bzw. *Freight payable at* Bremen.

g) Nach Angabe in Feld 10 handelt es sich um einen 20‘-Standardcontainer. Bei diesem Container ist nur eine Stirnwand als Tür ausgebildet. Die anderen Teile sind miteinander fest verbunden.

Lösung zur 9. Aufgabe – Konnossement

Fall 1

h) In Feld 13 (rechte Seite) des Konnossements sind drei Originalausfertigungen des Konnossements eingetragen. Die Angaben „3/3“ bzw. „3 – (three)“ bezeichnen einen vollen Satz Konnossemente *(full set)*. Der Grund für die Ausstellung mehrerer Originale ist in der Absicherung zu sehen. Oft werden die Originale auf unterschiedlichen Postwegen an den begünstigten Empfänger geschickt (siehe auch unter a) Kassatorische Klausel).

i) In Feld 7 steht die sog. Meldeadresse (notify address). Da es sich um ein Order-B/L handelt, muss eine Adresse angegeben werden, an die sich der Kapitän (spätestens) in Chicago (Bestimmungshafen) wenden kann, um weitere Anweisungen für die Aushändigung der Sendung einzuholen. Meist wird diese Meldeadresse 2 bis 3 Tage vor der Ankunft des Schiffes kontaktiert. Hier erfährt der Kapitän auch, wer (der ursprünglich genannte Empfänger oder ein sich legitimierender neuer Eigentümer) die Ware in Empfang nehmen wird und ob ggf. eine Änderung in der Destination vorliegt.

j) **Die anderen 3 Rundlaufklauseln für Container, außer der im B/L verwendeten FCL/FCL-Klausel, sind:**

LCL/LCL (Less than Container Load/Less than Container Load) - Lauf des Containers vom Terminal im Verschiffungshafen bis zum Terminal im Bestimmungshafen

FCL/LCL (Full Container Load/Less than Container Load) - Haus des Versenders bis zum Terminal im Bestimmungshafen

LCL/FCL (Less than Container Load/Full Container Load) - Terminal im Bestimmungshafen bis zum Haus des Empfängers

Lösung zur 9. Aufgabe – Konnossement

Fall 2

a) Da die speziell angefertigten Maschinenteile in ihrer wirtschaftlichen Nutzung nur für den Empfänger (den Käufer in Fernost) von Interesse sind, ist eine evtl. Weiterveräußerung (Handelbarkeit) der Anfertigungen wenig sinnvoll. Somit ist der Orderzusatz auf dem Konnossement entbehrlich und das Konnossement kann auf den Namen des Empfängers ausgestellt werden. Die für die Weiterveräußerung vorgesehenen Order-Konnossemente können durch Indossament an Dritte übertragen werden. Namens-Konnossemente (Rekta-Konnossemente) können im Bedarfsfall nur noch durch eine notariell beurkundete Forderungsabtretung (eine Zession) an Dritte übertragen werden.

b) Konnossemente sind bankfähig, wenn sie „reine An-Bord-Konnossemente“ (clean On-Board B/L) sind.

c) Wenn eine Umverpackung der Güter nicht möglich ist, kann der Verfrachter sich für die „Reinzeichnung“ des Konnossements einen sog. (Ablader-)Revers (einen Letter of Indemnity/LOI) ausstellen lassen. Der Revers ist ein Verpflichtungsschein, in dem sich der Reverszeichner (hier der abladende Spediteur) verpflichtet, den Verfrachter von allen Schadenersatzansprüchen freizuzeichnen, die von Dritten geltend gemacht werden können. Dabei ist zu beachten, dass sich der abladende Spediteur bei seinem Auftraggeber (dem Versender bzw. Befrachter) „rückversichert“, indem er sich einen „Gegen-Revers“ ausstellen lässt, der ihn wiederum von der Haftung befreit.

Hinweis:
Die Reinzeichnung des Konnossements durch den Verfrachter darf nicht zwecks Täuschung des Empfängers über festgestellte Mängel erfolgen, da dies gemäß § 826 BGB sittenwidrig ist. Wichtig ist vielmehr, dass auch die Nichtgefährdung des Akkreditivs im Interesse des Empfängers liegt.

Lösung zur 10. Aufgabe – Havarie/Haverei

a) Für eine „**gemeinschaftliche Havarie**“, im Deutschen auch als „**große Havarie**“ oder „**Havarie-grosse**“, in den §§ 588 – 595 HGB als „**große Havarei**“ und im Französischen als „**avarie grosse**“ und im Englischen als „**general average**“ bezeichnet, müssen folgende Voraussetzungen gegeben sein:

- Das Schiff und die Ladung müssen einer gemeinsamen Gefahr ausgesetzt sein, z. B. Strandung, Brand etc.
- Der Kapitän entscheidet über geeignete Rettungsmaßnahmen, um das Schiff samt der Ladung zu retten, z. B. Seewurf, Fluten einer Luke etc.
- Dem Schiff bzw. der Ladung werden dabei vorsätzlich Schäden zugefügt.
- Das Schiff und die Ladung müssen ganz bzw. zum Teil gerettet werden können.

Das Schiff und/oder die Ladung werden somit, zur Errettung aus einer gemeinsamen Gefahr, auf Anordnung des Kapitäns, vorsätzlich beschädigt oder aufgeopfert (§ 588 HGB Satz 1).

Anmerkung:
Nach dem Inkrafttreten des neuen deutschen Seehandelsrechts (5. Buch des HGB, §§ 476 ff.) im Jahr 2013 wird bei der Havarei keine Unterscheidung mehr zwischen einer „uneigentlichen großen Havarei“, einer „kleinen Havarei“ und einer „besonderen Havarei“ gemacht.

b) Die **Haverei** ist die vermögensrechtliche Abwicklung der Unfallfolgen einer Havarie. Die Abwicklung erfolgt nach dem HGB bzw. (sofern vereinbart) international nach den „York-Antwerp Rules“ (YAR). Bei den „York-Antwerpener Regeln“ gibt es verschiedene Fassungen, welche von den Vertragsparteien, wie die Anwendung der YAR prinzipiell, frei gewählt und vereinbart werden können. Dies führt leider in der Praxis dazu, dass verschiedene Versionen im Seehandel gleichzeitig nebeneinander verwendet werden (YAR 1974, YAR 1994, YAR 2004 sowie die aktuellste Fassung YAR 2016).

c) Der **Dispatcher** (engl.) bzw. der **Dispacheur** (frz.) ist die Bezeichnung für den Sachverständigen, der eine sog. **Dispache** (einen Verteilungsplan) erstellt.

d) Das Beitragskapital ist die Summe, auf die die Schäden verteilt werden:

Wert des Schiffes:	4.560.000,00 €
Wert der Ladung lt. Handelsrechnungen:	11.440.000,00 €
Seefracht insgesamt:	210.000,00 €
Beitragskapital:	16.210.000,00 €

e) Die Beitragsquote ist der prozentuale Anteil der Schadensbeteiligten:

Schleppkosten: (55.000,00 $ x 0,80 €)	44.000,00 €
Entladen, Sortieren: (105.000,00 $ x 0,80 €)	84.000,00 €
Reparaturen: (28.000,00 $ x 0,80 €)	22.400,00 €
Schäden am Ladungsgut:	1.282.000,00 €
Gesamtschaden:	1.432.400,00 €

$$\frac{1.432.400,00\ € \times 100\ \%}{16.210.000,00\ €} = 8,84\ \%$$

f) 8,84 % von 2.330,00 € = 205,97 €

Lösung zur 11. Aufgabe – Fachbegriffe der Seeschifffahrt

Teil 1

a) Das **„CLOSING“** benennt den Zeitpunkt, bis zu dem die Güter zur Abladung bereitgestellt werden müssen (hier: 20..-03-30 – 20:00 Uhr).

b) Übersetzungen der **fettgedruckten** Abkürzungen:

- **BAF** = **B**unker **A**djustment **F**actor (Bunkerzuschlag) für schwankende Treibstoffkosten
- **ETA** = **e**stimated/**e**xpected **t**ime of **a**rrival (voraussichtliche Ankunft des Schiffes)
- **ETS** = **e**stimated/**e**xpected **t**ime of **s**ailing (voraussichtliche Abfahrt des Schiffes)
- **FAC** = **f**orwarding **a**gent's **c**ommission (Vermittlungsgebühr für den Spediteur)
- **MH** = **M**erchant's **H**aulage (Der Container-Vor- bzw. -Nachlauf, inkl. der Leercontainergestellung, wird durch den Verlader bzw. beauftragten Spediteur organisiert.)
- **POD** = **p**lace **o**f **d**elivery (Lieferort)
- **POL** = **p**lace **o**f **l**oading (Ladehafen)
- **POR** = **p**lace **o**f **r**eceipt (Empfangsort)
- **THC** = **T**erminal **H**andling **C**harge (Gebühr für den Containerumschlag)

Teil 2

Übersetzung von Abkürzungen:

- **NVOCC** = **n**on-**v**essel **o**perating **c**ommon **c**arrier (Reeder ohne Schiff)
- **ECB** = **E**xpress **C**argo **B**ill (auch Seaway Bill genannt; Seefrachtbrief)
- **CAF** = **C**urrency **A**djustment **F**actor (Währungsausgleichsfaktor)
- **ISPS** = **I**nternational **S**hip and **P**ort Facility **S**ecurity (Sicherheitszuschlag)
- **FBL** = (negotiable) **F**IATA Multimodal Transport **B**ill of **L**ading (übertragbares Spediteurdurchkonnossement im kombinierten oder multimodalen Verkehr)
- **CH** = **C**arrier's **H**aulage (Der Container-Vor- bzw. -Nachlauf, inkl. der Leercontainergestellung, wird durch den Verfrachter (Reeder, Frachtführer) organisiert.)

Teil 3

a) **detention charge** = Gebühr für die verzögerte Rückgabe von Containern

b) **congestion surcharge** = Frachtzuschlag bei Hafenüberlastungen (vgs. häufig auch Verstopfungszuschlag genannt)

c) **demurrage** = Liegegeld/Standgeld

d) **lumpsum rate** = Pauschalfrachtrate pro Einheit

e) **FAK rates** = freight all kinds (güterunabhängige Pauschalfrachtraten für Container)

Lösung zur 12. Aufgabe – Seefrachtberechnung

Variante 1: Stückgutversand mit einer Konferenzreederei

Sperrigkeit: 1,2 m x 0,7 m x 0,7 m = 0,588 cbm

$$\text{messend} = \frac{\text{cbm}}{\text{t}} = \frac{0{,}588\ \text{cbm}}{0{,}287\ \text{t}} = 2{,}049\ \text{mal-messend}$$

Der Reeder entscheidet sich für die Maßabrechnung:

	Grundfracht (0,588 cbm x 35 Pumpen) x 152,50 $:	3.138,45 $
+	CAF (6 % von 3.138,45 $):	188,31 $
=	Gesamtfracht:	3.326,76 $
–	Immediate Rebate (9,5 % von 3.326,76 $):	316,04 $
=	Nettofracht:	3.010,72 $

Nettofracht in €: 3.010,72 $ x 0,80 € = 2.408,58 €

Variante 2: Containerversand mit einem Outsider

0,588 cbm x 35 Pumpen = 20,58 cbm

0,287 t x 35 Pumpen = 10 045 t

Ein 20-Fuß-Container ist somit ausreichend für die Sendung und die Abrechnung erfolgt nach Maß:

	Grundfracht (20,58 cbm x 135,00 $):	2.778,30 $
+	congestion surcharge:	180,00 $
+	CAF (7,5 % von 2.778,30 $):	208,37 $
=	Nettofracht:	3.166,67 $

Nettofracht in €: 3.166,67 $ x 0,80 € = 2.533,34 €

Fazit: Die Versendung mit der Konferenzreederei ist tarifarisch günstiger.

Lösung zur 13. Aufgabe – Kundenanfrage bearbeiten

Antwortvorschlag in englischer Sprache (gemäß angegebener Punkte):

SI Shipping Lines Inc.

14, King Henry Road, Singapore
Directors: J. Wu, R. Stevens, B. Johansson

Tel: (065) 8876 2319
Fax: (065) 8876 4552

SI Shipping Lines Inc., 14, King Henry Road, Singapore

Mr Roderick Stewart
MITO TENT Industries Ltd.
72, Bukit Tinggi Road
Singapore 289760

date: 20 March 20..

Dear Mr Stewart (Anrede)

(1) Thank you for your inquiry of 19 March 20.. .

(2) Enclosed please find the time schedule for departures from Singapore to Antwerp (Belgium) as from 25 March to 15 April 20..

(3) The first available vessel would be SS QUIMPERLE, loading time between 3 April to 7 April, and due for Antwerp on 2 May 20..

(4) Freight rates for crated consignments amount to USD 65 per ton.

(5) You will find dispatch regulations attached to the details of itinerary.

(6) Yours sincerely,

(signature)

Encl (2)

Lösung zur 14. Aufgabe – Sammelgut See

a) Rechnung für die MEDITEC AG, Düsseldorf

Fracht CFR Dubai, VAE, 88,00 $ x 10,665 cbm	938,52 $: 1,30 €	721,94 €
CAF 8 % von der Grundfracht	75,08 $: 1,30 €	57,75 €
BAF 6,00 $ x 10,665 cbm	63,99 $: 1,30 €	49,22 €
Kurs 1 € = 1,30 $		
THC 5,4 x 22,00 €/t		118,80 €
FBL-Spesen		25,00 €
ISPS-Zuschlag		4,50 €
Vorlauf Köln – Hamburg		330,00 €
Maut 5 400 kg/405 km		25,58 €
Summe:		1.332,79 €

b) Rohergebnis

	Erträge	1.332,79 €
–	Vorlaufkosten (netto)	323,58 €
–	Seehafenspediteur	703,13 €
=	Rohergebnis	306,08 €

c) Schifffahrtsroute von Hamburg nach Dubai (VAE):

Elbe
Nordsee
Ärmelkanal (Straße von Dover; Meerenge)
Atlantischer Ozean (Atlantik)
Straße von Gibraltar (Meerenge)
Mittelmeer
Suezkanal
Rotes Meer
Bab el-Mandeb (auch: Bab al-Mandab; Meerenge)
Arabisches Meer (Indischer Ozean)
Golf von Oman
Straße von Hormus
Persischer Golf

Lösung zur 15. Aufgabe – Seefracht-Geographie

- Rotterdam: Nordsee, Niederlande
- Le Havre: Nordsee, Ärmelkanal, Frankreich
- Baltimore: Atlantik, USA
- Genua: Mittelmeer, Italien
- Southhampton: Nordsee, Ärmelkanal, Großbritannien
- New York: Atlantik, USA
- Los Angeles: Pazifik, USA
- Lissabon: Atlantik, Portugal
- Marseille: Mittelmeer, Frankreich
- Port Said: Mittelmeer, Ägypten
- Jeddah/Dschidda: Rotes Meer, Saudi-Arabien
- Dubai: Persischer Golf, V.A.E.
- Mumbai: Indischer Ozean, Arabisches Meer, Indien
- Singapur: Straße von Malakka, Singapur
- Rostock: Ostsee, Deutschland
- Buenos Aires: Atlantik, Argentinien
- Piräus: Mittelmeer, Griechenland
- Hongkong: Südchinesisches Meer, China
- Duala: Atlantik, Kamerun
- Danzig: Ostsee, Polen
- Triest: Adriatisches Meer, Italien
- Koper: Adriatisches Meer, Slowenien
- Colombo: Indischer Ozean, Sri Lanka
- Casablanca: Atlantik, Marokko
- Valparaiso: Pazifik, Chile

Notizen